AF357191

PROPHÉTIE

DE

S. JEAN L'ÉVANGÉLISTE,

ÉCRITE dans l'Isle de Patmos, l'an 94 à 96, sous l'Empereur Domitien, qui annonce l'éclipse de la maison de BOURBON vers la fin du dix-huitième Siècle; la formation de la République française; son commencement; son milieu; et sa fin. La persécution de l'église; la naissance du Général Buonaparte, et les victoires éclatantes qu'il doit remporter sur terre et sur mer.

Se trouve chez les marchands de nouveautés.

Imprimé à Hambourg, le 1 Juillet 1798.

INTRODUCTION.

L'apocalypse fut composée par St. Jean-
l'évangeliste dans l'isle de Patmos, *où il
avoit été relégué pour la parole de Dieu
et pour le témoignage qu'il rendoit à Jésus-
Christ.* Elle fut écrite en grec entre l'an
94 et 96. La première date est celle de son
exil sous Domitien, Empereur Romain,
et la seconde est celle de son rappel après
la mort de ce prince.

L'église persécutée, puis victorieuse et
paisible, est certainement la vraie clef de
l'apocalypse. Tout se rapporte à cela. Il
n'y a qu'à dépouiller les figures de cette
prophétie de leur air énigmatique et donner
aux choses leur nom et leur face naturelle,
pour faire de l'apocalypse une véritable his-
toire. *L'ancien des jours* est Dieu le père;
l'agneau est le fils; *la terre* est la puissance du monde; *la bête à sept cornes* sont
lés persécuteurs de l'église. .... Ces idées ne
sont point inventées à plaisir, elles sont
fondées sur le texte même.

L'apocalypse étant donc un ouvrage pro-
phétique, il n'est pas surprenant qu'il soit
environné de ténébres. Il est en quelque
sorte de l'essence des prophéties d'être obs-
cures, sur-tout avant l'événement, et dans
le tems même qu'elles s'accomplissent. Ce

n'est qu'après-coup, et lorsqu'on refléchit sur ce qui avoit été prédit, et qu'on compare l'événement avec la prédiction, que les prophéties deviennent claires. Celles de l'ancien testament, avant la venue de Jésus-Christ, étoient un livre scellé. Les Juifs savoient en général que le Messie leur y étoit promis ; mais les contrariétés apparentes qu'ils remarquoient dans la peinture que les prophètes faisoient du messie, répandoient sur cette matière un nuage, qui n'a été dissipé qu'après la mort et la résurrection du Sauveur. Il en est de même de l'apocalypse.

Ce mystérieux ouvrage se divise en trois parties. La première, contenue dans les trois premiers chapitres, regarde les sept églises d'Asie. La seconde partie, qui tient depuis le chapitre IV jusqu'au XIXe. inclus, comprend les maux que l'église souffre de la part de ses persécuteurs, la victoire qu'elle remporte sur eux, les châtimens dont Dieu frappe ses ennemis, et la vengeance qu'il tire du sang des martyrs. Enfin, la troisième, qui comprend les trois derniers chapitres, est proprement le triomphe du fils de Dieu et la description du bonheur des saints dans la béatitude ; le jugement dernier, la résurrection des morts, la demeure des bienheureux dans le ciel.

Le chapitre IV n'est qu'un préambule, où l'on décrit la majesté de Dieu. Le chapitre V représente les ordres et les décrets de Dieu, inconnus aux hommes et révélés par Jésus-christ, à St. Jean. Cela est représenté sous la figure d'un livre scellé de sept sceaux, qui sont ouverts par l'agneau. A l'ouverture de chacun des sept sceaux, on voit (chap. VI, VII.) la prédiction de ce qui doit arriver dans la suite. Au premier sceau, Jésus-christ paroît monté sur un cheval blanc, en vainqueur, pour rassurer ses saints. *Confidite, ego vici mundum.* Au second, on prédit la guerre qui doit être faite à l'église. Au troisième, la disette qui doit accabler l'Empire romain. Au quatrième, la peste ou la mortalité. Au cinquième, les Saint-martyrs demandent vengeance de leur sang répandu. Au sixième, on voit des tremblemens de terre, l'éclipse du soleil et de la lune, la chûte des étoiles qui marquoient les malheurs dont les Empires doivent être frappés, en punition des cruautés exercés contre les chrétiens : voilà le sujet général de toute l'apocalypse. Mais dans les chapitres suivans, on nous découvre toutes ces choses dans un plus grand détail.

Au chapitre VII on nous représente quatre anges, qui retiennent tous les vents et les fléaux du Seigneur. Il leur est fait défense de souffler, jusqu'à ce que Dieu ait fait imprimer son sceau à tous ceux qu'il a choisi. Après quoi l'agneau ouvre le septième sceau (chap. VIII); à son ouverture, on voit paroître sept anges avec autant de trompettes. Au son de la première trompette, la troisième partie de la terre est brûlée : le feu est le symbole de la guerre. Au second son de la trompette, une montagne fut jettée dans la mer ; c'est la chûte entière de la Nation juive, dans leurs dernières révoltes contre les Romains, sous Trajan et sous Adrien. A la troisième trompette, une étoile tombe du ciel et empoisonne toutes les eaux des fleuves : il y a assez d'apparence que c'est le fameux Barchoquebas, ce faux fils de l'étoile, qui engagea les Juifs dans la révolte contre les Romains : révolte qui fut si funeste à cette malheureuse nation. A la quatrième trompette, le soleil et la lune furent éclipsés dans la troisième partie de leur disque, où ils perdirent la troisième partie de leur lumière : on l'explique des hérésies qui causèrent tant d'obscurcissemens dans l'église. Après ces quatre trompettes, un aigle annonce de grands malheurs sur la terre, qui doivent arriver au son des quatre trompettes, qui n'avoient pas encore sonné. A la cinquième trompette, (qui est celle dont il est question, chap. IX) un ange convoque les représentans d'un grand peuple autour de lui ; une étoile tombe du ciel, ouvre l'entrée de l'abyme, d'où il sort une infinité de sauterelles qui ravagent toute la terre : nous prétendons que cette prophétie regarde l'Empire français ; nous allons tacher de le démontrer d'une manière évidente.

LA RÉVOLUTION
FRANÇAISE,

Prédite dans l'apocalypse de S. Jean.

CHAPITRE IX.

Le cinquième ange sonne de la trompette. Chûte d'une étoile qui fait ouvrir l'enfer. Sauterelles qui en sortira. Impénitence des pécheurs.

℣. 1. *Le cinquième Ange sonna de la trompette, et je vis une étoile qui étoit tombée du ciel sur la terre, et la clef du puits de l'abyme lui fut donnée.*

COMMENTAIRE.

L'ange qui sonne de la trompette est Louis XVI, roi de France, convoquant les Etats généraux. Chez les Hébreux, *on donnoit le nom d'Ange aux prophètes, aux pontifes et aux Rois.* On sonnoit aussi de la trompette, quand il s'agissoit d'assembler le peuple.

C'étoit encore un Ange, tant son respect étoit profond pour la religion; tant son amour étoit excessif pour le bonheur de ses peuples. Depuis plusieurs siècles, les Français des deux hémisphères soupiroient vers Dieu, pour qu'il donnât au trône et à l'église un prince pieux, économe et probe. Dieu enfin le leur accorda dans sa miséricorde, et dès qu'il parut, ils le mirent à mort ; *une colombe ne pouvoit respirer long-tems au milieu des vautours.*

L'étoile tombée du ciel sur la terre : est *Mirabeau*, génie altier, inquiet, et astucieux qui, pour renverser la monarchie et conduire son souverain à l'échaffaud, de noble se fit roturier, de comte devint marchand frippier. *Mirabeau* avoit plus d'esprit et de subtilité qu'aucun de ceux qui avoient jusques - là attaqué la royauté et l'église ; aussi l'a-t-il fait avec plus de solidité qu'aucun autre.

Il est vrai que la persécution que cet apostat suscita contre l'église, sous prétexte de réformation, fut universelle. Mais comme il connoissoit le christianisme, il ne le persécuta point d'abord avec la cruauté brutale des Empereurs romains ; il essaya de diviser les évêques et les prêtres, il poussa leur patience à bout par ses lentes et artificieuses vexations, par ses railleries et ses insultes, par ses blasphêmes contre la religion, contre le célibat des vierges, contre les saints apôtres.

Il ouvrit l'abîme : La nouveauté de ses faux principes jointe à une éloquence mâle et vigoureuse séduisit le peuple. *Les droits de l'homme* ébranlèrent tous les trônes du monde, sappèrent la religion de Jésus-christ

par ses fondemens , et bientôt on ne vit
qu'insurrection , que meurtre , qu'exil , que
privation de biens, que carnage, qu'hérésies,
que schismes qui ont toujours été si fatales
aux empires , et si en horreur aux gens de
bien.

Verf. 2. *Elle ouvrit le puits de l'abyme , et il s'é-
leva du puits une fumée femblable à celle d'une
grande fournaise ; et le soleil et l'air furent obscurcis de la fumée de ce puits.*

COMMENTAIRE.

℣ 2. De l'abyme, *c'est-à-dire*, de l'enfer
où sont renfermés comme dans une prison ,
les suppôts de Satan, les ministres du démon,
les réprouvés. Il sortit d'abord de ce puits
une fumée insupportable , symbole de la
mauvaise odeur que les philosophes répan-
dent par leurs écrits. Le soleil et la lune furent obscurcis par l'épaisseur de cette fumée.
La beauté de l'église et la splendeur du trône
furent en quelque sorte ternies par les crimes
des insurgés et par les factions de toutes les
sectes

Verf. 3. *De la fumée du puits, il sortit des
sauterelles , qui se répandirent sur la terre , et la
même puissance qu'ont les scorpions de la terre
leur fut donnée.*

COMMENTAIRE.

℣. 3. *De la fumée du puits , il sortit des
sauterelles , qui se répandirent sur la terre.*
La fumée sembloit les avoir produites. Les

principes de *liberté* et *d'égalité* décrétés par l'assemblée nationale firent lever le peuple en masse, hérissé de piques et de fusils. La multitude d'hommes qui couvrit en un clin-d'œil le sol de l'Empire français peut très-bien se comparer à ces armées de sauterelles qui ravagèrent autrefois (selon Bochart) des provinces entières de l'Orient. Tous les habitans des pays voisins furent dans la consternation, on ne vit jamais un peuple guerrier, plus nombreux et plus puissant : peuple qui n'a jamais eu et qui n'aura jamais son semblable. Devant lui marche un feu dévorant, et après lui une flamme brûlante. La terre, avant son insurrection, étoit comme un jardin de délices, et après lui elle est un désert affreux. A voir les Français dans le Nord et dans le Midi, on les prendroit pour des chevaux ; ils courent comme des cavaliers. On les entend qui viennent sur les montagnes avec un bruit pareil à celui de la flamme qui a pris dans un monceau de paille.

La même puissance qu'ont les scorpions de la terre.

St. Jean parle ici du scorpion terrestre, ayant un aiguillon venimeux qu'il porte à la queue, la piqûre de cet animal ne fait pas mourir tout d'un coup, il cause une mort lente, mais douloureuse. L'assemblée nationale, dont Mirabeau étoit l'étoile, n'avoit dans la bouche que des paroles propres

à séduire :..comme , *l'espérance de meil-
leures lois* , l'*amélioration des finances* , le
payement exact de la dette publique , la
suppression des impôts , l'*anéantissement de
la féodalité* , l'*extinction de la pauvreté* ,
la *paix avec tout le monde.*

Vers. 4. *Et il leur fut défendu de faire aucun
tort à l'herbe de la terre, ni à tout ce qui étoit
vert : mais seulement aux hommes qui n'auroient
point la marque de Dieu sur le front.*

COMMENTAIRE.

✳. 4. *Il leur fut défendu de faire aucun
tort à l'herbe de la terre.* La morsure des
sauterelles ordinaires , dit Pline , est mor-
telle à toutes les plantes ; mais les Français,
ces sauterelles mystérieuses font serment de
respecter les *chaumières* et les champs qui
leur appartiennent ; et de n'en vouloir qu'aux
tyrans : (*paix aux chaumières* et *guerre
aux tyrans*) c'est-à-dire , *guerre aux riches,
au clergé et aux rois.* En effet , on ne vit jamais les terres mieux cultivées et les récoltes
plus abondantes , en fruits , en vin , et en
bled , quoique tout le monde fût réduit à
deux onces de pain et à un sol de riz pendant plusieurs années.

*Mais seulement aux hommes qui n'au-
roient point la marque de Dieu sur le front.*
Les deux tiers de ceux qui ont voté pour la
mort de leur prince ont été ou guillotinés ,
ou assassinés , ou proscrits. Ainsi s'accom-

plit cette parole de l'écriture : *celui qui aura
réduit les autres en captivité sera réduit
lui-même en captivité.* Avis important aux
méchans.

Verf. 5. *Et on leur donna le pouvoir, non de
les tuer, mais de les tourmenter durant cinq mois ;
et le mal qu'elles font est semblable à celui que fait
le scorpion, quand il a piqué l'homme.*

Verf. 6. *En ce tems-là les hommes chercheront
la mort, et ils ne la pourront trouver ; ils souhai-
teront de mourir, et la mort s'enfuira d'eux.*

COMMENTAIRE.

Non de les tuer (tous) *mais de les tourmenter ,* et de les tourmenter de telle sorte
qu'ils recherchent la mort, sans la pouvoir trouver.
On ne peut mieux exprimer les remords,
l'ennui, le découragement, le désespoir
dont se trouvent dévorés et les factieux et
ceux qui se promettoient dans l'anarchie
un bonheur après lequel ils soupirent et
qui les fuit toujours.

℣. 7. *Or, ces espèces de sauterelles
étoient semblables à des chevaux préparés
pour le combat. Elles avoient sur la tête
comme des couronnes qui paroissoient d'or.
Leur visage étoit comme des visages
d'hommes.*

COMMENTAIRE.

℣. 7. *Elles étoient semblables à des chevaux préparés pour le combat.* La saute-

relle a la tête à peu près comme le cheval ;
son saut a quelque rapport au galop de cet
animal ; les Italiens l'appellent *cavalette* :
et Job fait manifestement allusion à cela,
lorsqu'il dit : *Ferez-vous marcher le cheval
comme la sauterelle.* Celles dont parle ici
S. Jean, sont des sauterelles mystiques,
qui marquent les troupes et la cavalerie
française.

*Leur visage étoit comme des visages
d'hommes.* Le cheval est fier, belliqueux,
hardi. Quoi de plus capable de rendre un
homme fier, guerrier et téméraire, que de
le déclarer indépendant de tout ce qui est
dans le ciel et sur la terre ; c'est ce que
produisit dans les Français ce fameux dé-
cret de liberté et d'égalité et de souveraineté dans le peuple.

*Elles avoient sur la tête comme des cou-
ronnes qui paroissoient d'or.* Il y a quelque
petite chose de pareil sur la tête des sauterelles ordinaires. La souveraineté du peuple rend chaque citoyen *Roi* : conséquem-
ment chaque militaire combat l'ennemi la
couronne sur la tête.

℣. 8. *Elles avoient des cheveux comme
des cheveux de femmes, et leurs dents
étoient comme des dents de lion.*

COMMENTAIRE.

℣. 8. *Elles avoient des cheveux comme
des cheveux de femmes.* Le peuple dont

nous parlons a généralement une belle chevelure. Bochart montre par les Talmuistes et par les auteurs Arabes, qu'il y a une sorte de sauterelles vélues et chargées d'une manière de poil.

Leurs dents étoient comme des dents de lion. Le lion a des dents terribles, et les Français d'aujourd'hui ont toute la force, la voracité, la fierté de lion. Les sauterelles (selon Pline) rongent jusqu'au bois dur et aux portes de maisons.

Verf. *9. Elles avoient des cuirasses comme de fer, et le bruit de leurs aîles étoit comme un bruit de chariots à plusieurs chevaux qui courent au combat.*

COMMENTAIRE.

Elles avoient des cuirasses comme de fer. La figure des sauterelles y revient fort bien. Leur dos et leur ventre sont couverts d'une espèce de cuirasse, ou d'écailles. Les François dont nous parlons se sont armés de toutes pièces.

Le bruit de leurs aîles étoit comme celui des chariots de Batailles. On sait que les sauterelles volent avec un grand bruit, surtout quand elles vont en grande bande. Quel bruit, quelle frayeur se sont répandus dans tous les empires où les Français ont pénétré.

Verf. *10. Leur queue étoit semblable à celle des scorpions, y ayant un aiguillon ; elles avoient pouvoir de nuire aux hommes cinq mois durant.*

COMMENTAIRE,

Verf. 10. *Leur queue étoit comme celle du scorpion.*

La queue de la sauterelle a quelque proportion avec la figure de celle du scorpion, mais elle n'est pas venimeuse. Celle du scorpion, comme nous l'avons déjà observé est dangereuse et toujours prête à piquer et à répandre son venin. Les troupes françaises ont laissé après elles la désolation et la misère et l'anarchie ; voilà ce qu'on peut appeller la queue des sauterelles.

S. Jean ajoute que ces insectes *ont le pouvoir de nuire aux hommes cinq mois durant*, ou *cinq mois d'année* : c'est-à-dire, que la République française dominera tous les autres peuples pendant long-tems.

Verf. 11. *Elles avoient pour Roi l'Ange de l'abyme, appellé en hebreu* abaddon, *en grec,* apollyon, *c'est-à-dire, l'exterminateur.*

COMMENTAIRE.

Verf. *Elles avoient pour Roi l'Ange de l'abyme.*

Cet ange est Buonaparte. Il est dans ce moment le Dieu tutélaire de la France, son nom jette l'épouvante et sur mer et sur terre; et il extermine tous ceux qui osent lutter contre lui.

Dernier verset du chap. IX. Et les autres hommes qui ne furent point tués par ces playcs , ne se repentirent point des œuvres de leurs mains..... Ils ne firent point pénitence de leurs meurtres ni de leurs impudicités , ni de leurs voleries.

COMMENTAIRE.

On ne peut assez admirer ici jusqu'où va l'endurcissement des hommes qui ne s'étonnent de rien, et qui ne se convertissent point de leurs désordres. Un esprit d'assoupissement tient leurs ames dans une si profonde léjargie que toutes les plaies dont Dieu les frappe , ne les réveillent point. L'enchantement dont ils sont possédés pour ce qu'ils aiment, et la violence de leurs passions les emporte jusqu'au bout : ils ferment les yeux à tout l'avenir pour satisfaire leurs desirs dans le tems présent. C'est cette insensibilité qui est encore plus terrible que toutes les calamités qui nous sont ici décrites. Ceux qui en sont frappés sont les plus à plaindre de tous les hommes , et on peut dire que l'on en est déjà frappé , si on ne craint pas de l'être. C'est pourquoi ce premier malheur (*prédit par l'aigle au chapitre* 8 , ꝟ. 13.) n'ayant point fait rentrer les hommes en eux - mêmes , en voici deux autres qui suivent.

D E B O N M A Z O T.